© Copyright **2022** - All rights reserved.

You may not reproduce, duplicate or send the contents of this book without direct written permission from the author. You cannot hereby despite any circumstance blame the publisher or hold him or her to legal responsibility for any reparation, compensations, or monetary forfeiture owing to the information included herein, either in a direct or an indirect way.

Legal Notice: This book has copyright protection. You can use the book for personal purpose. You should not sell, use, alter, distribute, quote, take excerpts or paraphrase in part or whole the material contained in this book without obtaining the permission of the author first.

Disclaimer Notice: You must take note that the information in this document is for casual reading and entertainment purposes only.

We have made every attempt to provide accurate, up to date and reliable information. We do not express or imply guarantees of any kind. The persons who read admit that the writer is not occupied in giving legal, financial, medical or other advice. We put this book content by sourcing various places.

Please consult a licensed professional before you try any techniques shown in this book. By going through this document, the book lover comes to an agreement that under no situation is the author accountable for any forfeiture, direct or indirect, which they may incur because of the use of material contained in this document, including, but not limited to, — errors, omissions, or inaccuracies.

D1666609

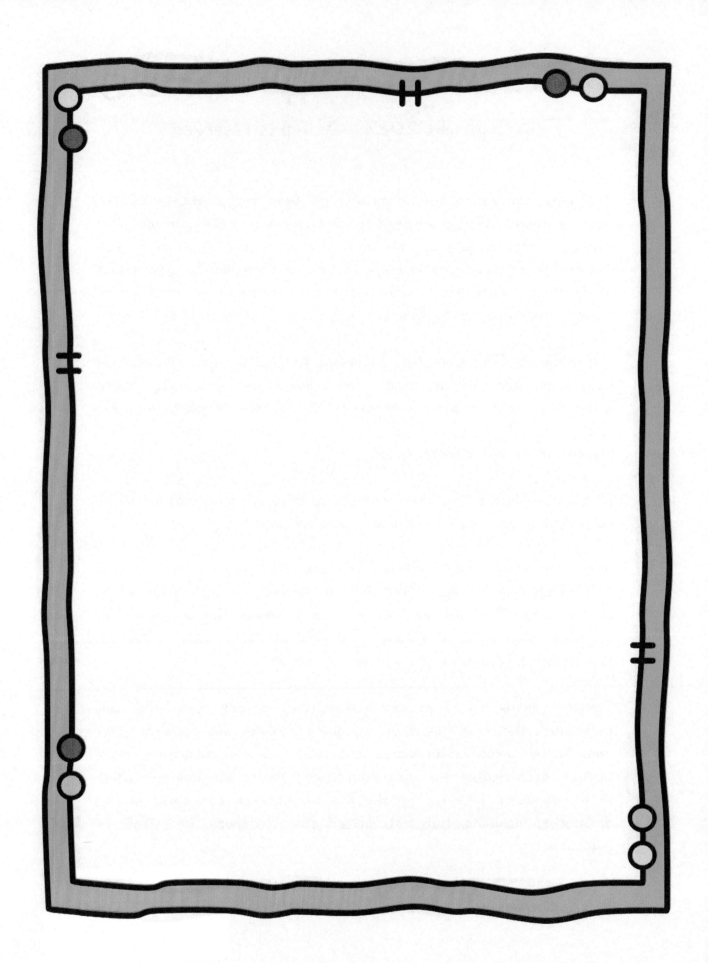

Elissa J. Willette

# Spanish Workbook
### for Kids
## PreK-Grade 2

# This workbook belongs to

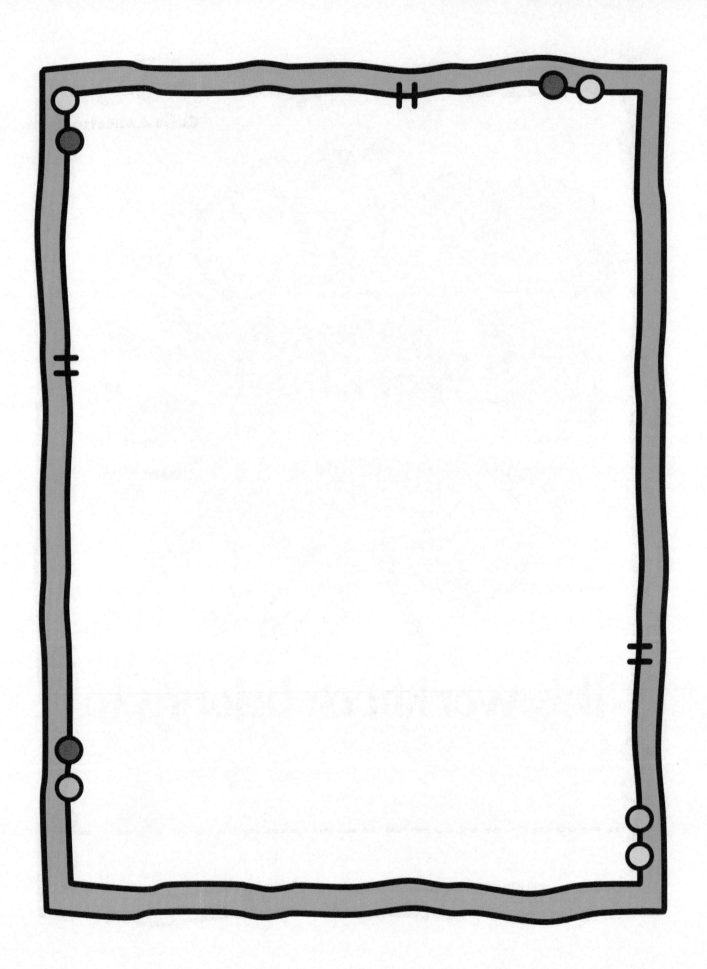

# Table of contents

# 1.ALPHABET

## El alfabeto

# ALPHABET

# A a

La abeja

Bee

# Aa

Practise your uppercase and lowercase As below:

A  A  A  A  A  A  A  A  A  A

a  a  a  a  a  a  a  a  a  a  a  a

Aa  Aa  Aa  Aa  Aa  Aa  Aa

Trace these words that begin with the letter A:

el avestruz

el acuario

la ardilla

# B b

El burro

Donkey

# Bb

Practise your uppercase and lowercase Bs below:

B B B B B B B B B B

b b b b b b b b b b b

Bb Bb Bb Bb Bb Bb Bb

Trace these words that begin with the letter B:

la boca

la botella

el bolso

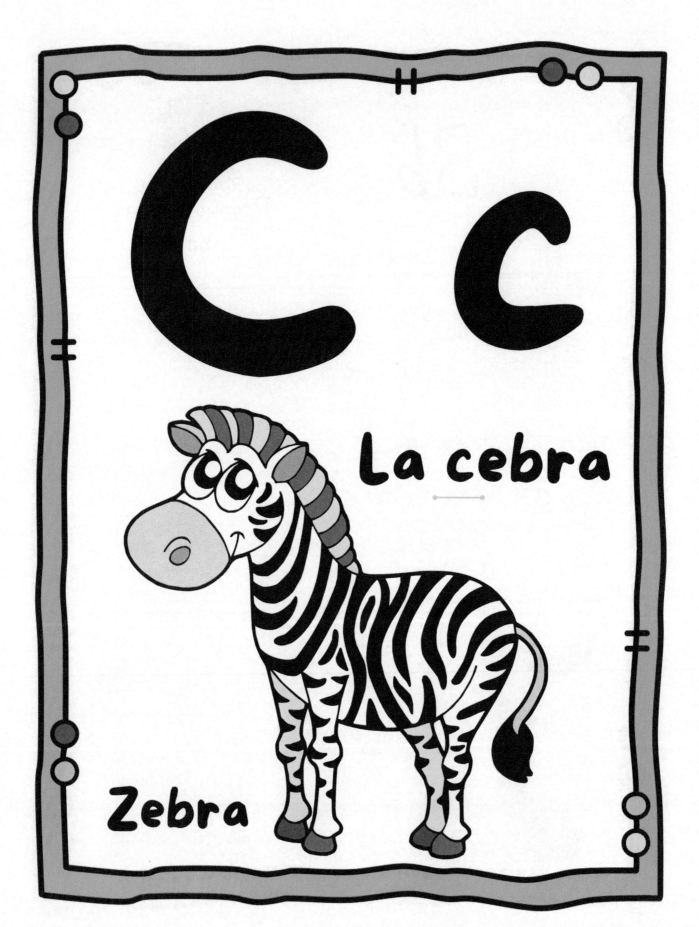

C c

La cebra

Zebra

# Cc

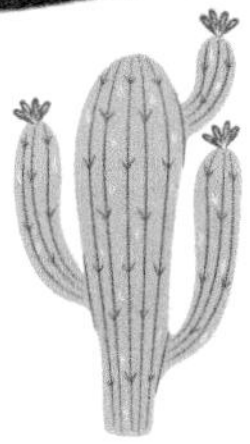

Practise your uppercase and lowercase Cs below:

C C C C C C C C C

c c c c c c c c c c c

Cc Cc Cc Cc Cc Cc Cc Cc

Trace these words that begin with the letter C:

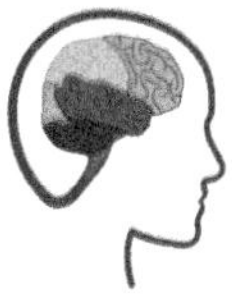

el cerebro

el acuario

la ardilla

# D d

El despertador

Alarm Clock

# Dd

Practise your uppercase and lowercase Ds below:

D D D D D D D D D

d d d d d d d d d d d

Dd Dd Dd Dd Dd Dd Dd

Trace these words that begin with the letter D:

el desayuno

el día

el dormitorio

# E e

La esponja

Sponge

# E e

Practise your uppercase and lowercase Es below:

E E E E E E E E

e e e e e e e e e e e e e

Ee Ee Ee Ee Ee Ee Ee

Trace these words that begin with the letter E:

la escoba

el espejo

la ensalada

# F f

La flor

Flower

# Ff

Pronunciation

efe

Practise your uppercase and lowercase Fs below:

F F F F F F F F F F F

f f f f f f f f f f f f

Ff Ff Ff Ff Ff Ff Ff Ff

Trace these words that begin with the letter F:

el fantasma

la falda

la firma

G g

El gorila

Gorilla

# Gg

Pronunciation

ge

Practise your uppercase and lowercase Gs below:

G G G G G G G G

g g g g g g g g g g

Gg Gg Gg Gg Gg Gg Gg

Trace these words that begin with the letter G:

el gallo

el gato

la guitarra

# H h

La hamburguesa

Hamburger

# Hh

**Pronunciation**
hache

Practise your uppercase and lowercase Hs below:

H H H H H H H H H H H

h h h h h h h h h h h

Hh Hh Hh Hh Hh Hh Hh

Trace these words that begin with the letter H:

la harina

la hierba

el horno

I i

La iglesia

Church

# Ii

Pronunciation

i

Practise your uppercase and lowercase Is below:

Trace these words that begin with the letter I:

el impermeable

el taxi

el insecto

# J j

## El jabón

## Soap

# J j

Pronunciation

jota

Practise your uppercase and lowercase Js below:

J J J J J J J J J J

j j j j j j j j j j

Jj Jj Jj Jj Jj Jj Jj Jj

Trace these words that begin with the letter J:

la jirafa

la joya

el jugo

K k

El kilo

Kg

Kilo

# K k

Pronunciation

ka

Practise your uppercase and lowercase Ks below:

K K K K K K K K K K

k k k k k k k k k k k k

Kk Kk Kk Kk Kk Kk Kk

Trace these words that begin with the letter K:

a kiwi

a karate

a kefir

# Ll

El ladrillo

Brick

# L l

Practise your uppercase and lowercase Ls below:

L   L   L   L   L   L   L   L   L

l   l   l   l   l   l   l   l   l

Ll   Ll   Ll   Ll   Ll   Ll   Ll   Ll

Trace these words that begin with the letter L:

el lago

la langosta

la leche

# M m

El maíz

Corn

# Mm

Practise your uppercase and lowercase Ms below:

M M M M M M M M M M M

m m m m m m m m m m m m

Mm Mm Mm Mm Mm Mm

Trace these words that begin with the letter M:

la maleta

la mano

el mapa

# N n

La nariz

Nose

# N n

Practise your uppercase and lowercase Ns below:

N N N N N N N N N N

n n n n n n n n n n n n n

Nn Nn Nn Nn Nn Nn Nn

Trace these words that begin with the letter N:

la naranja

el nido

la novela

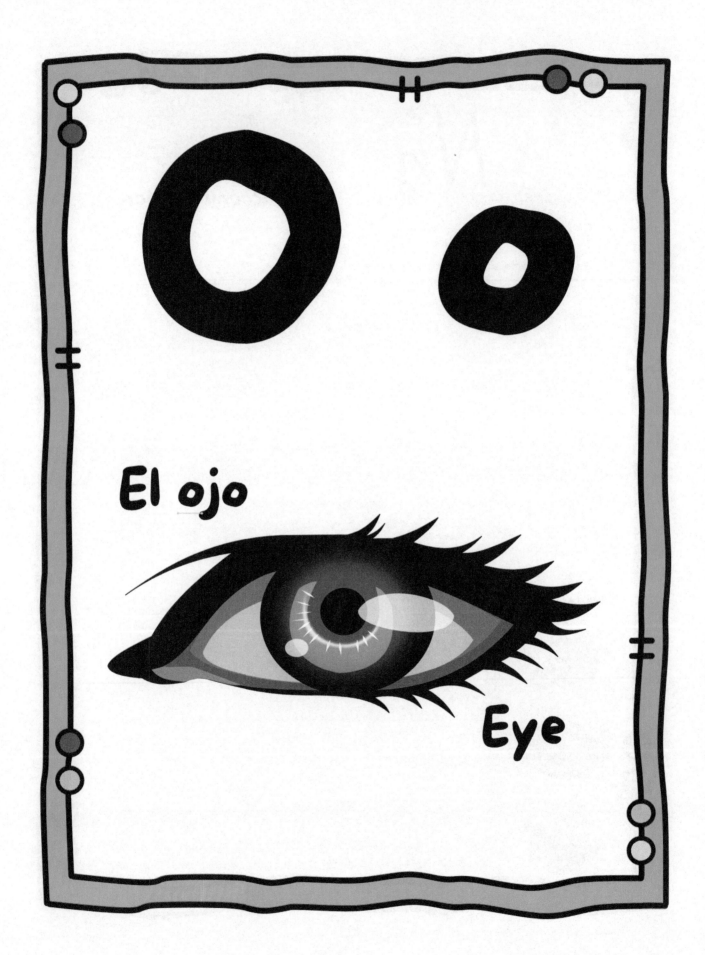

El ojo

Eye

# Oo

Practise your uppercase and lowercase Os below:

O  O  O  O  O  O  O  O  O  O

o  o  o  o  o  o  o  o  o  o  o  o

Oo  Oo  Oo  Oo  Oo  Oo  Oo

Trace these words that begin with the letter O

la oreja

la onda

el ornamento

# P p

La patata

Potato

# Pp

Pronunciation
pe

Practise your uppercase and lowercase Ps below:

P P P P P P P P P

p p p p p p p p p p

Pp Pp Pp Pp Pp Pp Pp

Trace these words that begin with the letter P:

la pala

la pasta de dientes

el pato

Q q

El queso

Cheese

# Qq

Practise your uppercase and lowercase Qs below:

Q  Q  Q  Q  Q  Q  Q  Q  Q

q  q  q  q  q  q  q  q  q  q

Qq  Qq  Qq  Qq  Qq  Qq  Qq

Trace these words that begin with the letter Q:

la química

15    quince

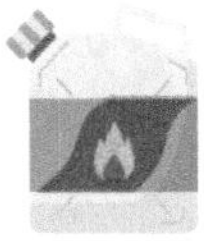

el queroseno

# R r

La radio

Radio

# R r

Pronunciation

erre

Practise your uppercase and lowercase Rs below:

R  R  R  R  R  R  R  R  R

r  r  r  r  r  r  r  r  r  r

Rr  Rr  Rr  Rr  Rr  Rr  Rr

Trace these words that begin with the letter R:

el ratón

la receta

el regalo

S s

La sal

Salt

# Ss

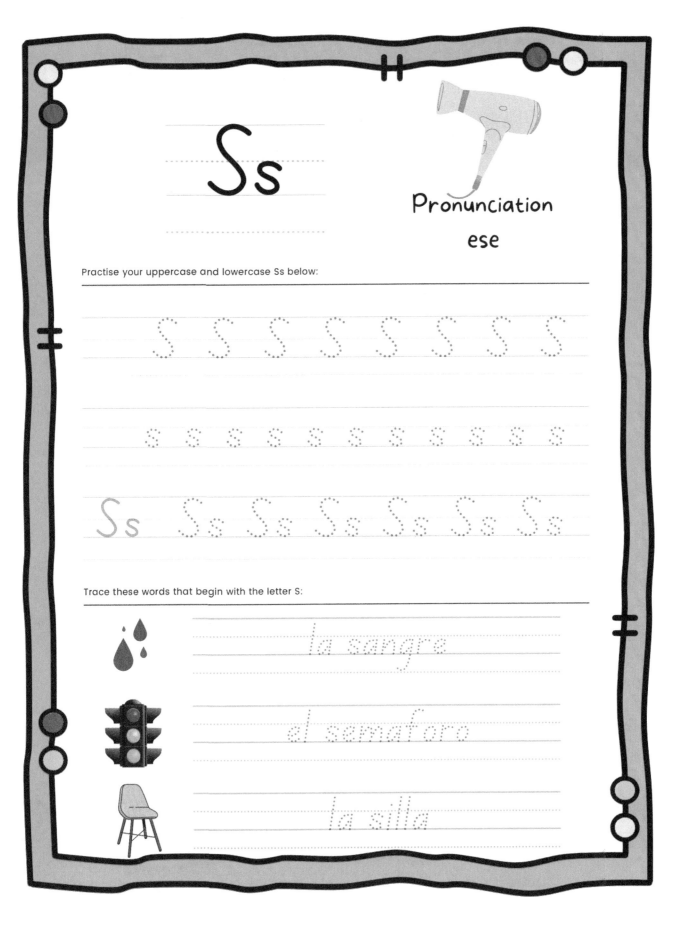

Pronunciation

ese

Practise your uppercase and lowercase Ss below:

S S S S S S S S

s s s s s s s s s s

Ss Ss Ss Ss Ss Ss Ss Ss

Trace these words that begin with the letter S:

la sangre

el semáforo

la silla

# T t

Las tijeras

Scissors

# Tt

Pronunciation

te

Practise your uppercase and lowercase Ts below:

T T T T T T T T T T

t t t t t t t t t t t t

Tt Tt Tt Tt Tt Tt Tt

Trace these words that begin with the letter T:

la tapa

la taza

el telescopio

# U u

La uña

Fingernail

# Uu

## Pronunciation

u

Practise your uppercase and lowercase Us below:

U U U U U U U U U U

u u u u u u u u u u u u

Uu Uu Uu Uu Uu Uu Uu

Trace these words that begin with the letter U:

 el universo

 la universidad

 urbano

Verde

Green

# V v

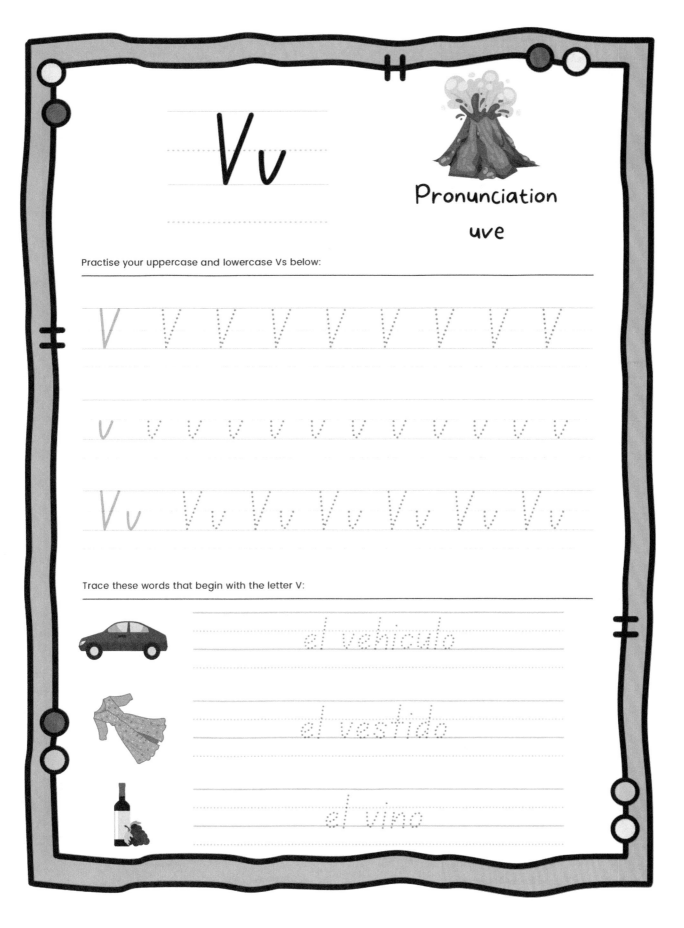

Pronunciation

uve

Practise your uppercase and lowercase Vs below:

V    V   V   V   V   V   V   V   V

v    v   v   v   v   v   v   v   v   v   v

Vv   Vv   Vv   Vv   Vv   Vv   Vv

Trace these words that begin with the letter V:

el vehículo

el vestido

el vino

# W w

El wok

Wok

# Ww

Practise your uppercase and lowercase Ws below:

W W W W W W W W

w w w w w w w w w w w

Ww Ww Ww Ww Ww Ww

Trace these words that begin with the letter W:

el whisky

wi-fi

el walkman

El xilofón

Xylophone

# Xx

Practise your uppercase and lowercase Xs below:

X  X  X  X  X  X  X  X  X

x  x  x  x  x  x  x  x  x  x

Xx  Xx  Xx  Xx  Xx  Xx  Xx

Trace these words that begin with the letter X:

el xenon

Ximena

Xavier

Y y

El yak

Yak

# Yy

Pronunciation

ye

Practise your uppercase and lowercase Ys below:

Y Y Y Y Y Y Y Y Y Y

y y y y y y y y y y y y

Yy Yy Yy Yy Yy Yy Yy

Trace these words that begin with the letter Y:

el yoga

el yeti

el yerno

# Z z

La zanahoria

Carrot

# Zz

Pronunciation
zeta

Practise your uppercase and lowercase Zs below:

Z Z Z Z Z Z Z Z Z Z

z z z z z z z z z z z

Zz Zz Zz Zz Zz Zz Zz

Trace these words that begin with the letter Z:

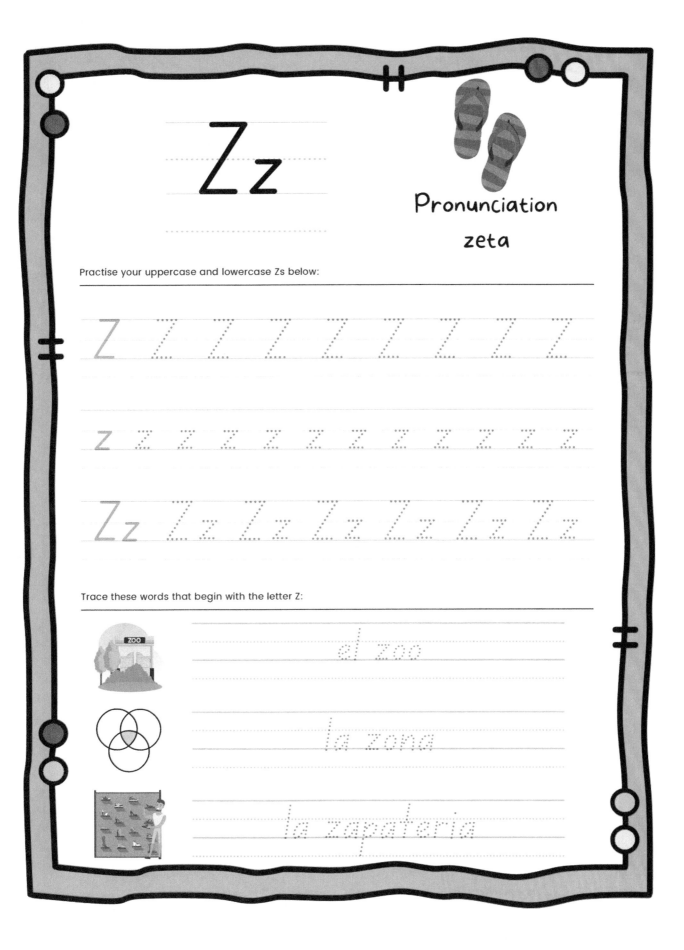

el zoo

la zona

la zapatería

# LETTER RAINDROPS
## FILL IN THE MISSING BIG LETTERS

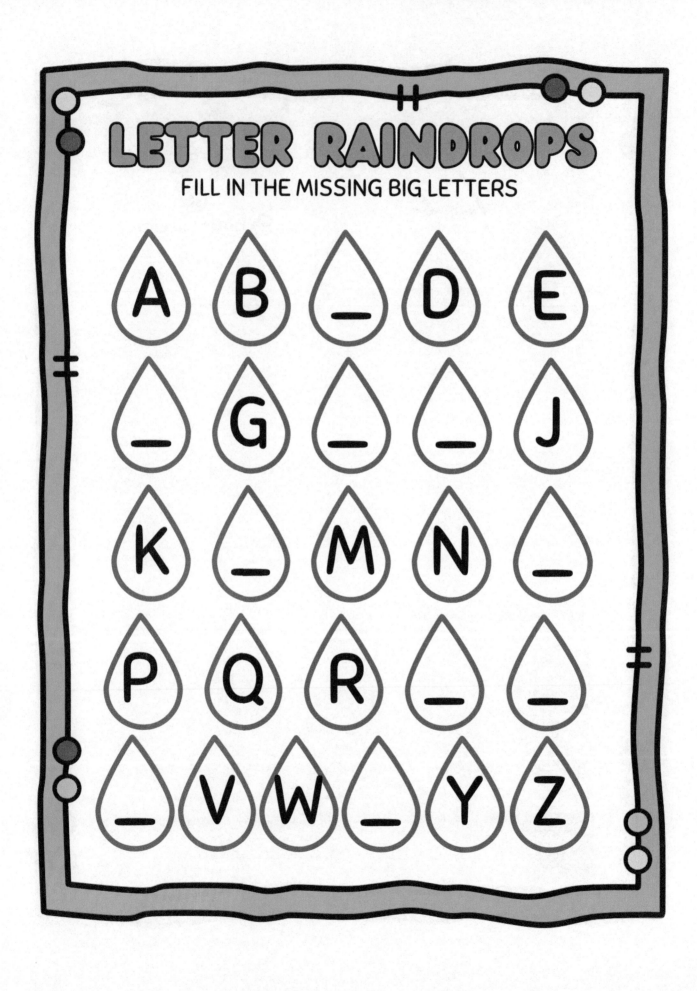

# 2.NUMBERS

*Los números*

I can write
Sé escribir

**cero**

I

I can write
Sé escribir

## uno

2

I can write
Sé escribir

# dos

3

I can write
Sé escribir

tres

3 3 3 3 3 3 3 3 3

3 3 3 3 3 3 3 3 3

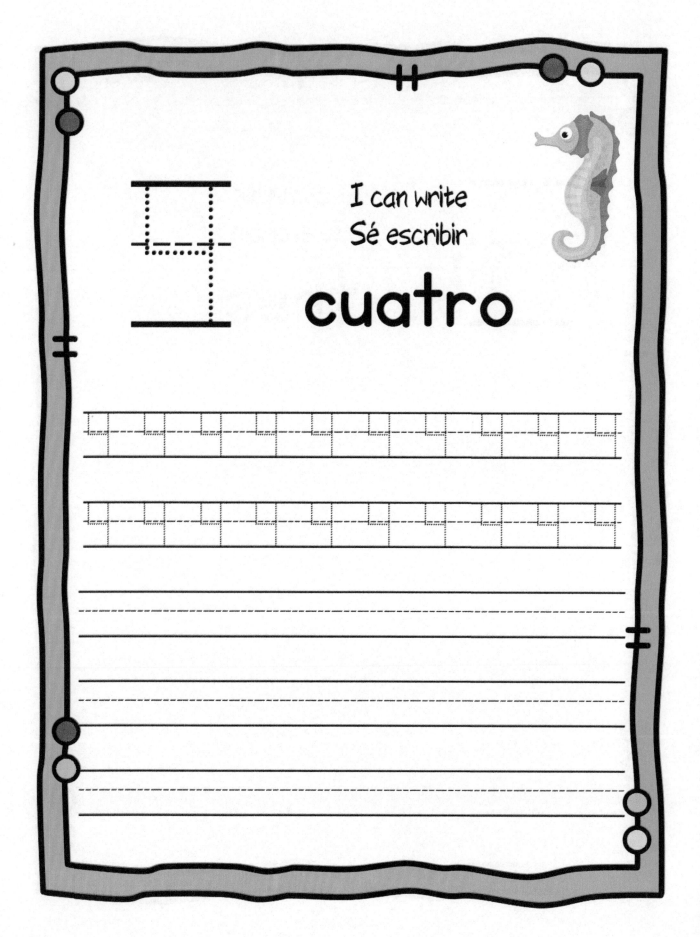

I can write
Sé escribir

# cuatro

# 5

I can write
Sé escribir

# cinco

6

I can write
Sé escribir

## seis

7

I can write
Sé escribir

siete

I can write
Sé escribir

# ocho

I can write
Sé escribir

nueve

I can write
Sé escribir

# diez

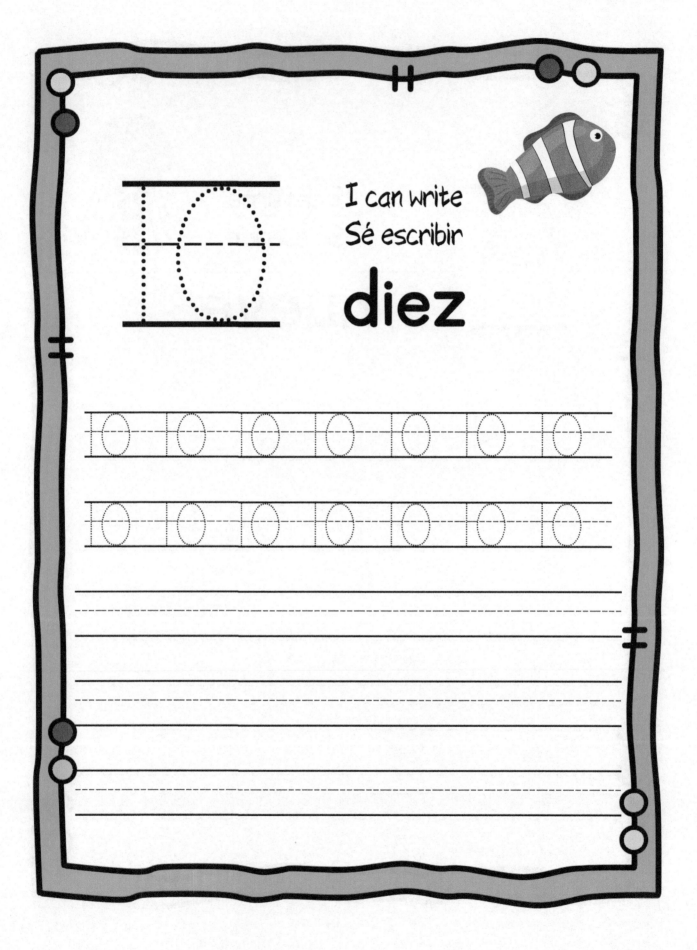

# Numbers

*ten by ten*

Read and trace the numbers.
Hay que leer y trazar los números.

| 10 | 60 |
|---|---|
| diez | sesenta |
| 20 | 70 |
| veinte | setenta |
| 30 | 80 |
| treinta | ochenta |
| 40 | 90 |
| cuarenta | noventa |
| 50 | 100 |
| cincuenta | cien |

# Numbers

Read and trace the numbers.
Hay que leer y trazar los números.

11
once

16
dieciséis

12
doce

17
diecisiete

13
trece

18
dieciocho

14
catorce

19
diecinueve

15
quince

20
veinte

# Monsters Party

## Write the numbers / Escriba los números

uno    dos    tres    cuatro    cinco
seis    siete    ocho    nueve    diez

_ _ _    _ _ _    _ _ _    _ _ _ _

_ _ _    _ _ _ _

_ _ _ _    _ _ _ _

# Count & Mark

Count the animals in each box and mark the correct number.
Cuenta los animales de cada caja y marca el número correcto.

# Count & Mark

Count the animals in each box and mark the correct number.
Cuenta los animales de cada caja y marca el número correcto.

4   3   5   2        2   4   1   3

8   2   4   6        9   3   5   4

# Count & Mark

Count the animals in each box and mark the correct number.
Cuenta los animales de cada caja y marca el número correcto.

4　6　5　3

9　7　5　6

8　2　4　6

9　10　8　7

# Count & Mark

Count the animals in each box and mark the correct number.
Cuenta los animales de cada caja y marca el número correcto.

8   3   5   6      2   5   1   3

8   7   4   6      5   3   2   4

# Trace the numbers.
# Trazar los números.

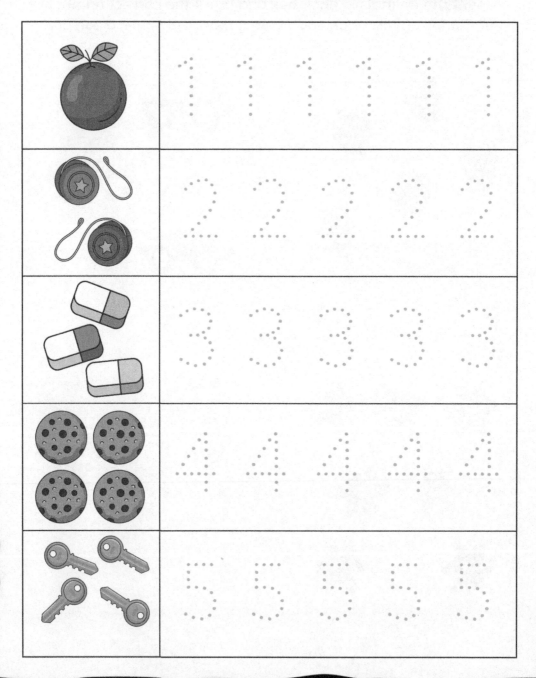

# Trace the numbers.
## Trazar los números.

# Count the fruits

How many fruits do you count? Write the number in the box next to it.
Cuántas frutas cuentas? Escribe el número en la casilla de al lado.

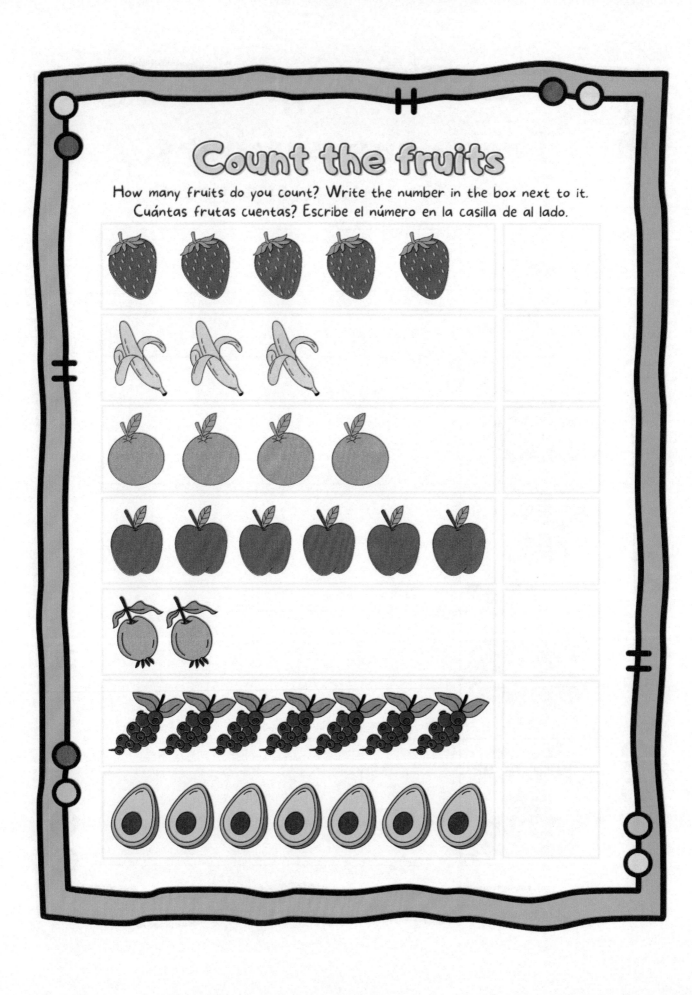

# Count the objects

How many objects do you count? Write the number in the box next to it.
Cuántas objetos cuentas? Escribe el número en la casilla de al lado.

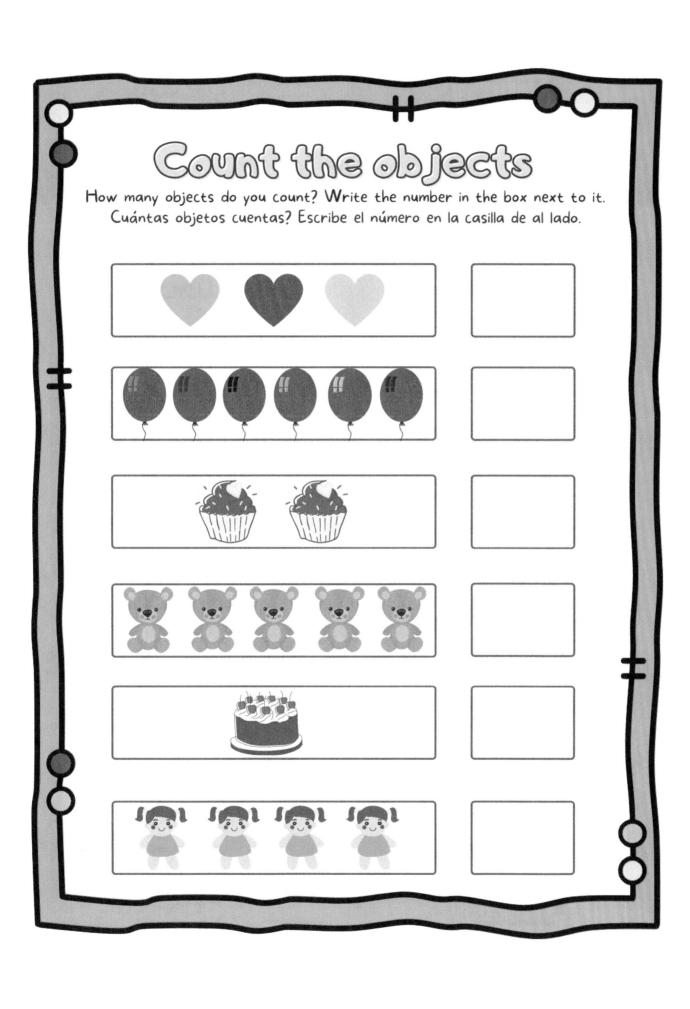

Match the digit with the word. The first one
has been done for you.
Empareja el dígito con la palabra.  La primera
ya está hecha para ti.

| | |
|---|---|
| 5 | uno |
| 7 | tres |
| 8 | seis |
| 6 | nueve |
| 2 | diez |
| 9 | cuatro |
| 4 | dos |
| 1 | cinco |
| 3 | siete |
| 10 | ocho |

DIRECTIONS: ADD OR SUBTRACT THE CUPCAKES USING THE CUES PROVIDED.
IF TIME PERMITS COLORS THE CUPCAKES.
INSTRUCCIONES: AÑADE O QUITA LAS MAGDALENAS UTILIZANDO LAS
INDICACIONES PROPORCIONADAS. SI EL TIEMPO LO PERMITE COLOREA LAS
MAGDALENAS.

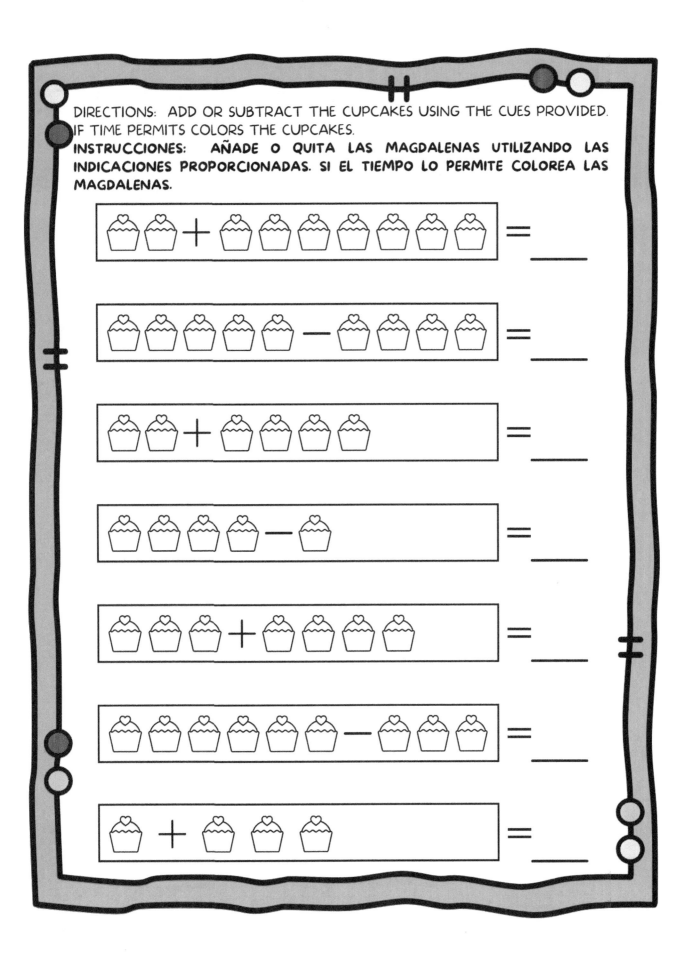

# Two-Digit Addition
# Suma de dos cifras

| | | | |
|---|---|---|---|
| 16<br>+13 | 18<br>+17 | 21<br>+15 | 34<br>+22 |
| 56<br>+15 | 44<br>+31 | 70<br>+21 | 38<br>+12 |
| 81<br>+43 | 90<br>+13 | 25<br>+32 | 36<br>+53 |
| 18<br>+93 | 68<br>+24 | 53<br>+12 | 74<br>+32 |
| 62<br>+52 | 94<br>+23 | 22<br>+71 | 68<br>+40 |

# RESOLVER LAS OPERACIONES DE ADICIÓN

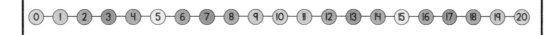

| | | |
|---|---|---|
| 11 + 5 = _____ | 17 + 2 = _____ | 12 + 4 = _____ |
| 4 + 13 = _____ | 5 + 14 = _____ | 8 + 10 = _____ |
| 16 + 8 = _____ | 9 + 2 = _____ | 10 + 3 = _____ |
| 9 + 13 = _____ | 11 + 6 = _____ | 11 + 9 = _____ |
| 12 + 7 = _____ | 15 + 4 = _____ | 14 + 0 = _____ |
| 4 + 12 = _____ | 2 + 15 = _____ | 13 + 5 = _____ |
| 10 + 9 = _____ | 1 + 18 = _____ | 20 + 0 = _____ |
| 8 + 12 = _____ | 14 + 6 = _____ | 5 + 6 = _____ |
| 12 + 5 = _____ | 12 + 0 = _____ | 7 + 4 = _____ |
| 7 + 8 = _____ | 2 + 14 = _____ | 7 + 6 = _____ |
| 11 + 6 = _____ | 10 + 10 = _____ | 9 + 5 = _____ |
| 1 + 12 = _____ | 1 + 19 = _____ | 3 + 9 = _____ |
| 0 + 13 = _____ | 3 + 12 = _____ | 4 + 6 = _____ |
| 9 + 7 = _____ | 7 + 13 = _____ | 4 + 9 = _____ |
| 9 + 11 = _____ | 9 + 10 = _____ | 13 + 5 = _____ |

# What's missing?

Fill in the missing numbers to make these equations correct. The first one has been done for you to serve as an example.
**Rellena los números que faltan para que estas ecuaciones sean correctas. La primera se ha hecho para que te sirva de ejemplo.**

$14 - \boxed{8} = 6$      $\boxed{\phantom{0}} - 6 = 6$

$10 - 3 = \boxed{\phantom{0}}$      $5 - \boxed{\phantom{0}} = 1$

$\boxed{\phantom{0}} - 8 = 8$      $9 - 8 = \boxed{\phantom{0}}$

$11 - \boxed{\phantom{0}} = 9$      $\boxed{\phantom{0}} - 5 = 7$

$10 - \boxed{\phantom{0}} = 4$      $13 - 6 = \boxed{\phantom{0}}$

$\boxed{\phantom{0}} - 7 = 3$      $16 - \boxed{\phantom{0}} = 14$

$15 - 5 = \boxed{\phantom{0}}$      $\boxed{\phantom{0}} - 9 = 9$

# FIND THE MISSING NUMBER

Solve the equations below.
**Resuelve las siguientes ecuaciones.**

9 + ____ = 12          2 + ____ = 8

5 + ____ = 15          8 + ____ = 16

2 + ____ = 12          3 + ____ = 9

7 + ____ = 10          9 + ____ = 11

4 + ____ = 7           5 + ____ = 13

# Addition & Subtraction
## Sumas y restas

**Learning goal: To improve my mental arithmetic skill & speed.**

Give yourself 3 minutes to complete as many questions as you can!

**Dedica 3 minutos a completar todas las preguntas que puedas.**

| | |
|---|---|
| 14 + 7 = | 14 − 11 = |
| 23 + 11 = | 25 − 4 = |
| 18 + 5 = | 17 − 12 = |
| 14 + 9 = | 10 − 8 = |
| 24 + 12 = | 16 − 5 = |
| 6 + 17 = | 29 − 11 = |
| 22 + 27 = | 12 − 5 = |
| 18 + 3 = | 22 − 13 = |
| 11 + 9 = | 25 − 12 = |
| 4 + 24 = | 13 − 4 = |
| 18 + 6 = | 13 − 6 = |
| 13 + 17 = | 23 − 10 = |

# 3.COLORS

## Los colores

# Color Mixing
## Mezcla de colores
### Primary Colors
### Colores primarios

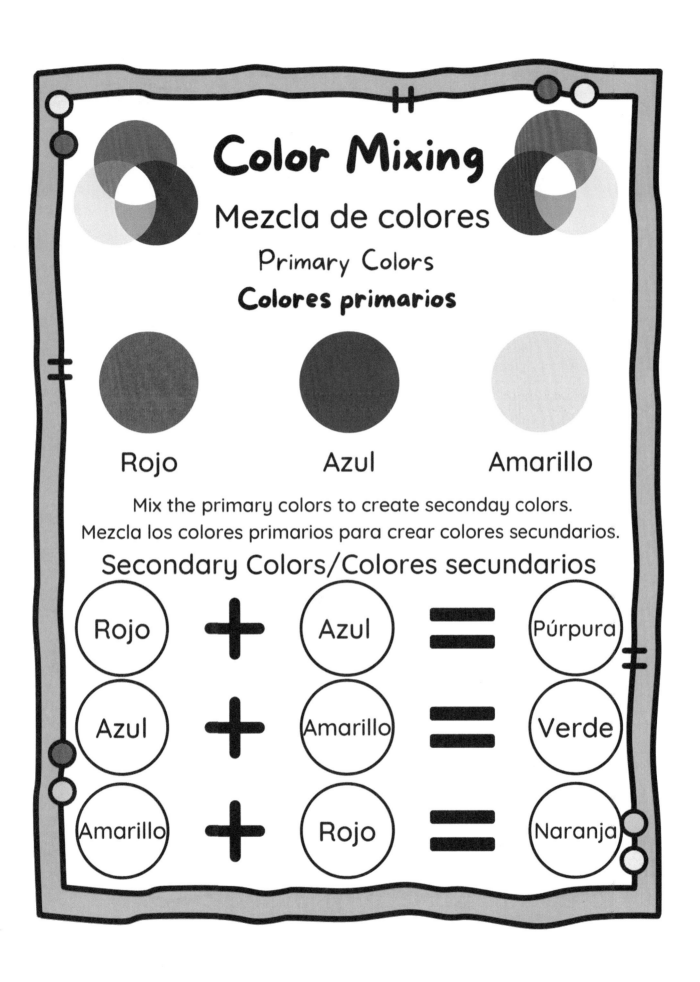

Rojo          Azul          Amarillo

Mix the primary colors to create seconday colors.
Mezcla los colores primarios para crear colores secundarios.

## Secondary Colors/Colores secundarios

Rojo + Azul = Púrpura

Azul + Amarillo = Verde

Amarillo + Rojo = Naranja

# Colorear por número
## Utiliza el código para colorear el dibujo.

Use the code to color the picture.

| | | | |
|---|---|---|---|
| 2 | amarillo | 5 | rosa |
| 3 | rojo | 6 | verde |
| 4 | negro | 7 | marrón |

# Colorear por número
Utiliza el código para colorear el dibujo.

Use the code to color the picture.

| | | | | | |
|---|---|---|---|---|---|
| 2 | verde | | 5 | amarillo | |
| 3 | roja | | 6 | azul | |
| 4 | marrón | | 7 | negro | |

# Colorear por número
## Utiliza el código para colorear el dibujo.

Use the code to color the picture.

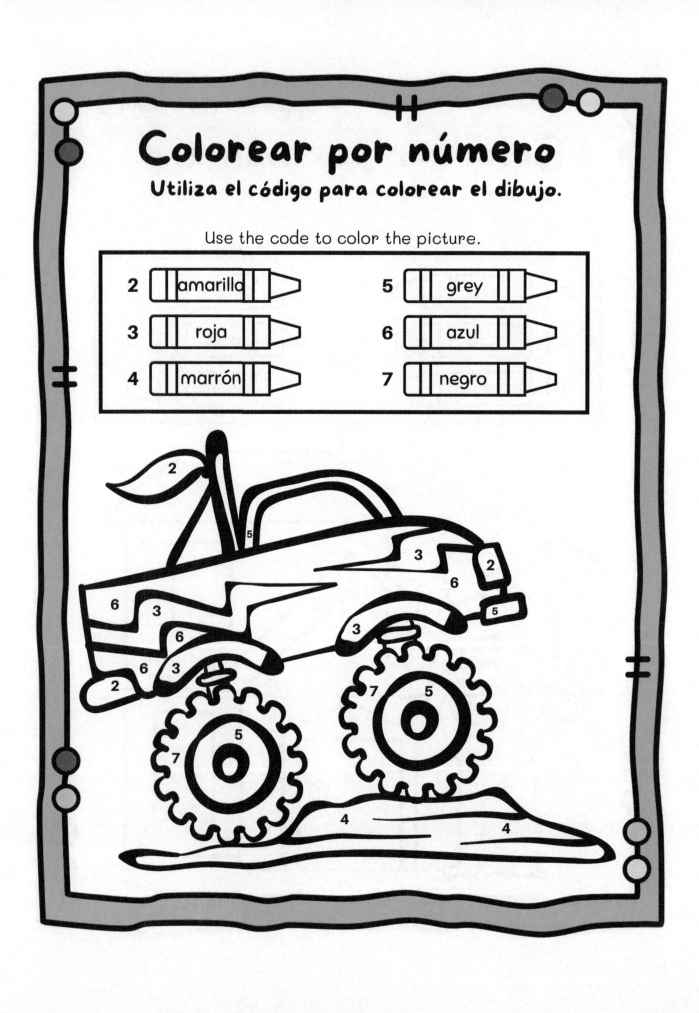

# 4.SHAPES

## Las formas

# Shapes
# Las formas

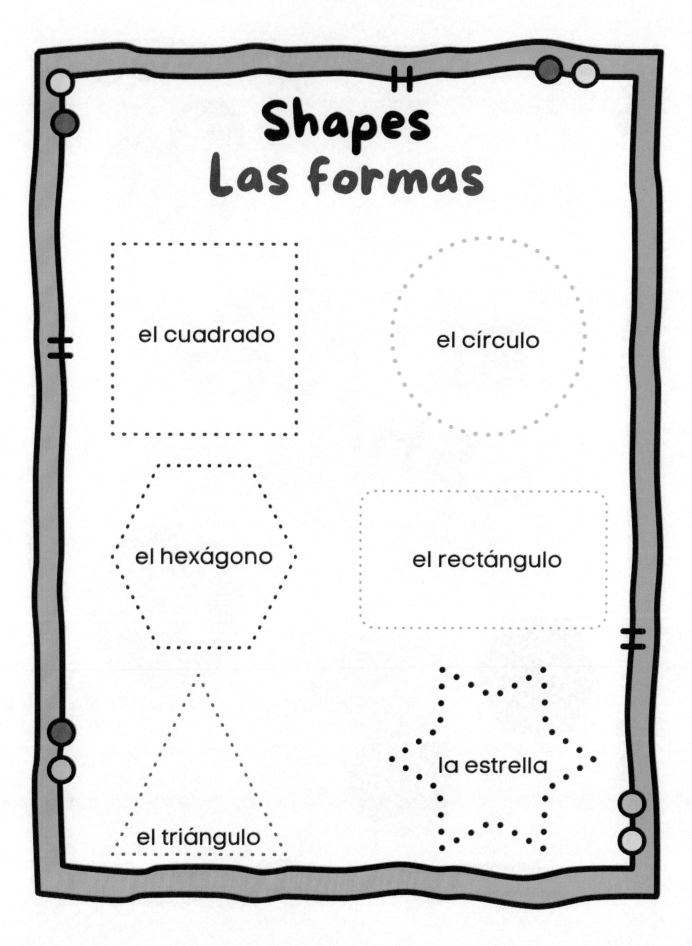

el cuadrado

el círculo

el hexágono

el rectángulo

el triángulo

la estrella

# Polygons
# Los polígonos

**Traza el nombre de los polígonos.**

Cuatro lados

| el cuadrado |

Cinco lados

| el pentagono |

Seis lados

| el hexagono |

Siete lados

| el heptagono |

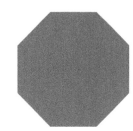

Ocho lados

| el octogono |

Nueve lados

| el nonagono |

# All about shapes
# Todo sobre las formas

Trace and color in the shapes below.

**Traza y colorea las formas de abajo.**

# Circle Shapes

Trace and color the circle shapes.
How many circles do you count?
**Traza y colorea las formas de los círculos.**
**Cuántos círculos cuentas?**

# All about shapes
# Todo sobre las formas

Color the shapes according to the example.
**Colorea las formas según el ejemplo.**

Color the shapes inside the egg.
**Colorea las formas del interior del huevo.**

roja      azul      verde      amarillo

# 3D SHAPES IN OUR ENVIRONMENT

Draw pictures of real world objects that are the same as these shapes:
**Haz dibujos de objetos del mundo real que sean iguales a estas formas:**

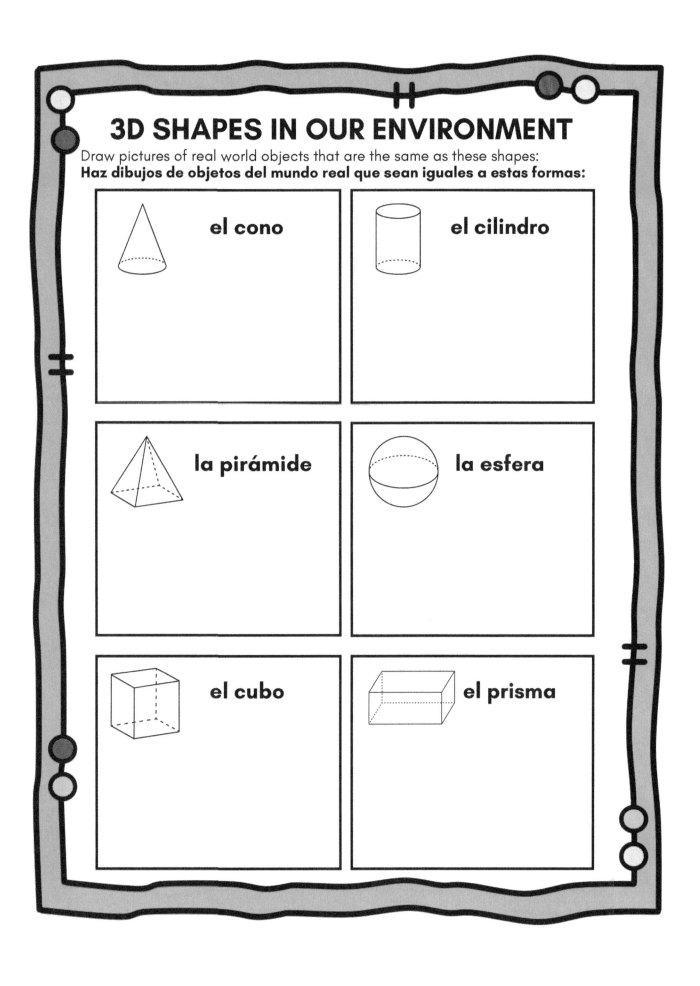

el cono

el cilindro

la pirámide

la esfera

el cubo

el prisma

5.SEASONS

*Las estaciones*

# Seasons
# Estaciónes

Seasons are annual changes in weather. There are four seasons each year: summer, autumn, winter and spring. Each last for 3 months.

**Las estaciones son cambios anuales en el clima. Hay cuatro estaciones al año: verano, otoño, invierno y primavera. Cada una dura 3 meses.**

## CAUSES

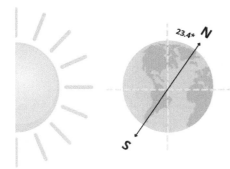

La Tierra esta inclinada sobre una linea imaginaria que discurre entre el Polo Norte y el Polo Sur (llamada eje). Cuando el Polo Sur esta orientado hacia el sol, significa que el Hemisferio Sur experimenta el verano, mientras que el Hemisferio Norte esta en invierno, orientado hacia el espacio. La Tierra tarda un ano en girar alrededor del Sol, y durante este tiempo cada hemisferio experimenta cambios climaticos asociados a la cantidad de luz solar y calor que recibe.

## El verano

Temperaturas más cálidas y días de sol más largos

## El otoño

Las temperaturas comienzan a bajar. Algunos árboles pierden sus hojas y algunos animales se preparan para hibernar

## El invierno

Temperaturas más frías y menos horas de luz. Algunos animales hibernan y algunas plantas mueren.

## La primavera

Los días comienzan a calentarse. A las plantas les crecen hojas nuevas y los animales salen de la hibernación

Name the four seasons and number them in the correct order. Start with autumn. Do you have a favorite season?
**Nombra las cuatro estaciones y numéralas en el orden correcto. Empezar con el otoño. Tienes una estación favorita?**

# Seasons/Estaciónes

Write the correct season under each picture.
**Escribe la estación correcta debajo de cada imagen.**

S_ _ _ _ _ _ _

A_ _ _ _ _ _ _

I_ _ _ _ _ _ _ _ _

P_ _ _ _ _ _ _ _ _ _

# My Favorite Season
## Mi estación favorita

Me gusta porque

# 6. DAYS AND MONTHS
## Días y meses

# EL TIEMPO

| | | |
|---|---|---|
| 1 año | = | 365 días |
| 1 año | = | 12 meses |
| 1 semana | = | 7 días |
| 1 day | = | 24 horas |
| 1 hora | = | 60 minutes |
| 1 minuto | = | 60 segundos |

## Time words

el siglo - century
hoy - today
ayer - yesterday
anteayer - day before yesterday
mañana - tomorrow

el pasado mañana - day after tomorrow
medianoche - midnight
mediodia - noon
la noche - night
la tarde - afternoon

# DAYS OF THE WEEK
# DÍAS DE LA SEMANA

EL LUNES

EL MARTES

EL MIÉRCOLES

EL JUEVES

EL VIERNES

EL SÁBADO

EL DOMINGO

# DAYS OF THE WEEK/DÍAS DE LA SEMANA

*Fill in the blanks for the days of the week:*
**Rellena los espacios en blanco de los días de la semana:**

El jueves

El sabado

El viernes

El domingo

El lunes

El martes

El lunes

El jueves

# MONTHS OF THE YEAR
# MESES DEL AÑO

| | |
|---|---|
| JANUARY | ENERO |
| FEBRUARY | FEBRERO |
| MARCH | MARZO |
| APRIL | ABRIL |
| MAY | MAYO |
| JUNE | JUNIO |

# MONTHS OF THE YEAR
# MESES DEL AÑO

| | |
|---|---|
| JULY | JULIO |
| AUGUST | AGOSTO |
| SEPTEMBER | SEPTIEMBRE |
| OCTOBER | OCTUBRE |
| NOVEMBER | NOVIEMBRE |
| DECEMBER | DICIEMBRE |

# 12 Months of the Year

## Trace and Write/Trazar y escribir

Enero

Febrero

Marzo

Abril

Mayo

Junio

Julio

Agosto

Septiembre

Octubre

Noviembre

Diciembre

7- BODY

El cuerpo

# Partes del cuerpo
## Body Parts

las cejas

las orejas

las mejillas

la boca

los hombros

la mano

el estómago

las piernas

el pelo

la cabeza

los ojos

la nariz

el cuello

los brazos

los dedos

las rodillas

los pies

# Other Body Parts
## Otras partes del cuerpo

Los dientes

La barbilla

La lengua

El codo

El ombligo

Los labios

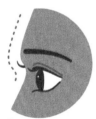
La frente

El talón

La espalda

El pecho

La cadera

Las nalgas

El tobillo

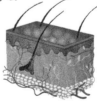
La piel

# Mi cuerpo

## My body

Choose the correct answer below. Write in the box.

**Elige la respuesta correcta a continuación. Escribe en la casilla.**

el pie     el cuello     la oreja     el pelo

el ojo     el estómago     la rodilla

# Mi cuerpo

## My body

Choose the correct answer below. Write in the box.

**Elige la respuesta correcta a continuación. Escribe en la casilla.**

el pecho     el pie     la mano     la ceja     el ojo

el estómago     el pelo     la boca     la oreja     el hombro

8.FAMILY

La familia

# Family tree
# Árbol genealógico

la abuela

el abuelo

la madre

el padre

el tío

la tía

la esposa

yo

el primo

la esposa del primo

el hijo

la hija

la nieta

# Family tree
# Árbol genealógico

- el padre - father
- la madre - mother
- el hermano - brother
- la hermana - sister
- el hijo - son
- la hija - daughter
- el abuelo - grandfather
- la abuela - grandmother
- el bisabuelo - great-grandfather
- la bisabuela - great-grandmother
- la nieta - granddaughter
- el nieto - grandson
- el tío - uncle
- la tía - aunt
- el tío abuelo - great-uncle
- la tía abuela - great-aunt
- el primo - cousin (male)
- la prima - cousin (female)

# My Family Tree
# Mi árbol genealógico
Fill in the blanks with family members.
**Rellenar las casillas en blanco con los miembros de la familia.**

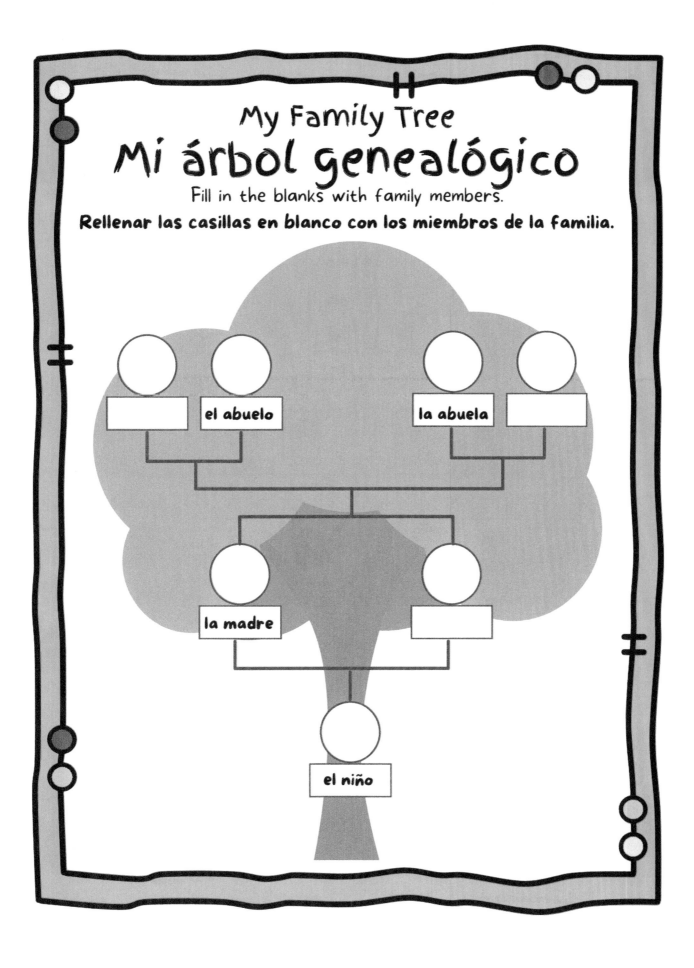

el abuelo

la abuela

la madre

el niño

# We are family!

Look at the family tree. Answer the questions about Elena's family.
Mira el árbol genealógico. Responde a las preguntas sobre la familia de Elena.

Sarah | Jack

Rose | Tom    Elena | Robert

Amy    Sam        Lisa    Vera

1- ¿Quién es Lisa?        Es la hija de Elena.

2- ¿Quién es Robert?      _____

3- ¿Quién es Jack?        _____

4- ¿Quién es Rose?        _____

5- ¿Quién es Vera?        _____

6- ¿Quién es Sarah?       _____

7- ¿Quién es Tom?         _____

8- ¿Quién es Amy?         _____

9.OCCUPATIONS

Las profesiones

# Occupations
## Las profesiones

**Abogado/a**
Lawyer

**Agricultor/a, Granjero/a**
Farmer

**Constructor/a**
Builder

**Arquitecto/a**
Architect

**Electricista**
Electrician

**Bombero/a**
Fireman

**Mesero/a**
Waiter/Waitress

**Gasfitero/a, Plomero/a**
Plumber

**Dentista**
Dentist

# Occupations
## Las profesiones

**Psicólogo/a**
**Psychologist**

**Veterinario, albéitar**
**Veterinarian**

**Sacerdote**
**Priest**

**Profesor/a**
**Teacher**

**Piloto/a**
**Pilot**

**Periodista**
**Journalist**

**Peluquero/a**
**Hairdresser**

**Panadero/a**
**Baker**

**Camionero**
**Truck driver**

**Carpintero**
**Carpenter**

**Cazador**
**Hunter**

# Occupations
## Las profesiones

Científico
Scientist

Programador
Computer programmer

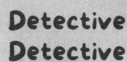

Carnicero
Butcher

Detective
Detective

Enfermero
Nurse

Escritor / autor
Writer / author

Ferroviario
Railroader

Pescador
Fisherman

Marinero, marino
Merchant marine

Pintor
Painter

Policía
Policeman

# Jobs/Puestos de trabajo

Match the words and pictures.
**Emparejar las palabras y las imágenes**

el músico ( 10 )       el periodista ( )       el médico ( )

la peluquería ( )      la profesora ( )        el ingeniero ( )

el arquitecto ( )      el piloto ( )           el dentista ( )

el cocinero ( )        el abogado ( )          el futbolista ( )

10. CLOTHES

La ropa

la camiseta

la camiseta tirantes

el vestido

el bañador femenino

las gafas de sol

Summer wear
Ropa de verano

el bañador para hombres

los pantalones cortos

la chancla

la camisa

les overoles

el sombrero

la falda

# Other clothing
# Otras prendas de vestir

la corbata    el traje    los pantalones    el pijama

la gorra    los zapatos    la pajarita    la sandalia

el cinturón

la sudadera    el jersey

los vaqueros

las bragas    la chaqueta

# Pick the Odd One Out

Below are lists of different pieces of clothing.
Circle the word that does not belong to the group.
*A continuación hay listas de diferentes prendas de vestir.
Encierra en un círculo la palabra que no pertenece al grupo.*

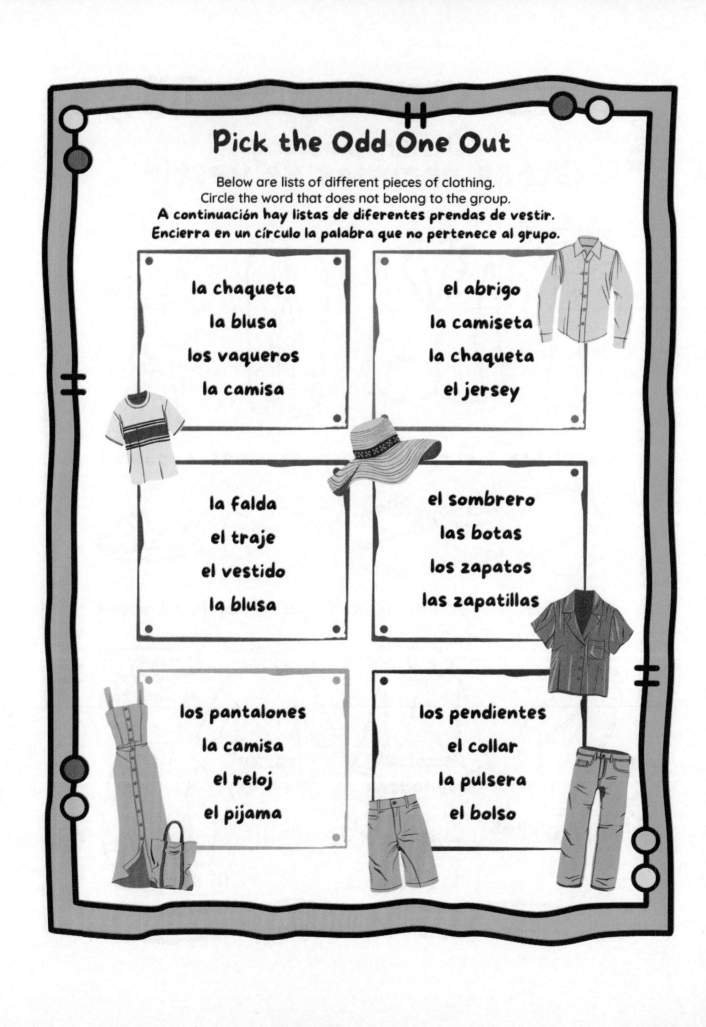

la chaqueta
la blusa
los vaqueros
la camisa

el abrigo
la camiseta
la chaqueta
el jersey

la falda
el traje
el vestido
la blusa

el sombrero
las botas
los zapatos
las zapatillas

los pantalones
la camisa
el reloj
el pijama

los pendientes
el collar
la pulsera
el bolso

# Clothes / La ropa

Color the clothes based on the weather.
**Colorea la ropa en función del tiempo.**

| warm - yellow | cold - blue |
|---|---|
| **cálido - amarillo** | **frío - azul** |

11.FOOD

La comida

# Food
## Los alimentos

## Los frutos

la fresa    la mora    los arándanos    la frambuesa

la naranja    el plátano    la manzana    el kiwi

la pera    la uva    el mango    las cerezas

la piña    el aguacate    el limón    el tomate

# Food
## Los alimentos

## Los frutos

la ciruela    el melocotón    el albaricoque    la mandarina

los arándanos    el coco    el melón    la sandía

el pomelo    la granada    el higo    el lichi

la papaya    el maracuyá    la guayaba    la cal

# Food

## Los alimentos

## Los vegetales

la zanahoria   el rábano   la chirivía   la cebolleta

el ajo   la cebolla   el brócoli   la coliflor

la guindilla   el pepino   la berenjena   la calabaza

los hongos   la col   la lechuga   la ensalada

# Food
## Los alimentos

## Los vegetales

**las espinacas**

**el jengibre**

**la col de Bruselas**

**el nabo**

**la remolacha**

**el apionabo**

**las judías**

**los guisantes**

**el maíz**

**los espárragos**

**las patatas**

**la cúrcuma**

**el ruibarbo**

**el apio**

**el pimiento**

**el zucchini**

# Food
## Otros alimentos

la pizza

las patatas fritas

la hamburguesa

la pasta

el pan

la mantequilla

el agua

el vino

el jugo

la leche

la ensalada

el helado

# Food
## Otros alimentos

el queso      la carne      el pollo asado

los huevos      el chocolate      la rosquilla

la tarta      la mostaza      el vinagre      el aceite

el ketchup      la mayonesa      la pimienta      la sal

# WHAT ARE YOU EATING?
# QUÉ ESTÁS COMIENDO?

1. Do you like healthy food? - Te gusta la comida sana?

2. What are your favorites? - Cuáles son sus favoritos?

3. How often do you eat unhealthy food? - Con qué frecuencia comes alimentos poco saludables?

**Elimine con una x los alimentos que no corresponden a las casillas de abajo.**

HEALTHY                    UNHEALTHY

# Escribe el nombre de cada alimento bajo su imagen.

m _ _ _ _ _

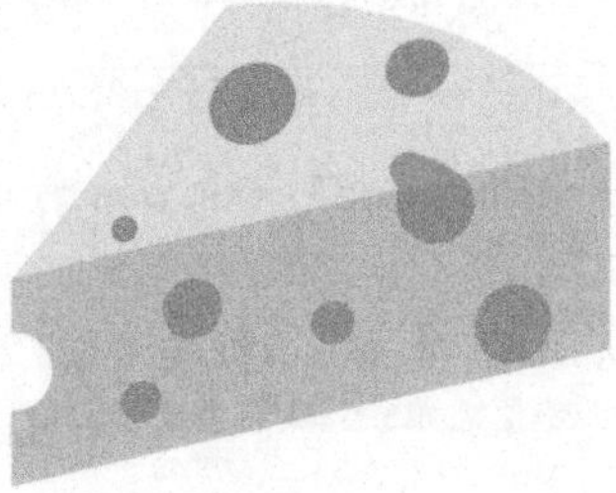

q _ _ _ _

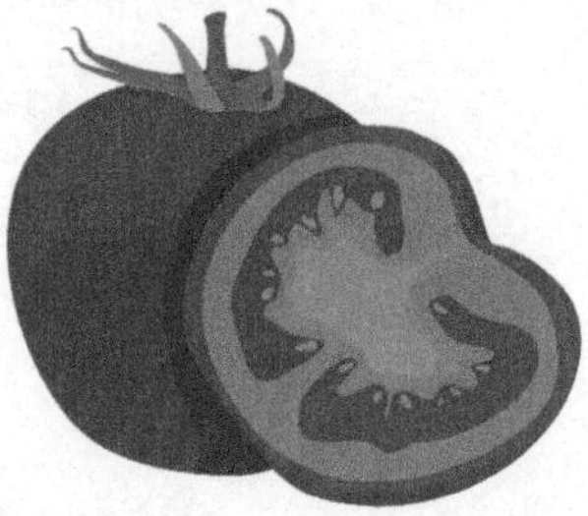

o _ _ _ _ _

b _ _ _ _ _ _ _ _

u _ _ _ _

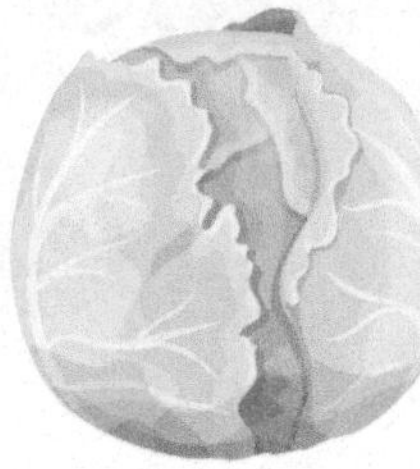

c _ _ _

c _ _ _ _ _ _ _

p _ _ _ _ _ _ s

s _ _ _

# 12.ANIMALS

## Los animales

# Wild Animals
# Los animales salvajes

la jirafa

el elefante

el mono
la mono

el cocodrilo

la cebra

la hiena

el león

el tigre

el lobo

el rinoceronte

el antílope

el oso

el búfalo

# Farm Animals
# Los animales de la granja

el perro

la paloma
el palomo

la vaca

el conejo

el ganso
la oca

el cerdo

el burro

la gallina

el caballo

la cabra
el cabrito

la oveja

el gallo

# Farm Animals
# Los animales de la granja

el gato

el pato

el ave

el pavo

la abeja

la/el alpaca

la codorniz

el avestruz

Ocean animals
# Animales del océano

la medusa

el delfín

el caballito de mar

la tortuga

el tiburón

la estrella del mar

el sello

el cangrejo

el pulpo

el pez

la raya

la anguila

la ballena

# Other animals
# Otros animales

el pingüino

el murciélago

el camaleón

el caracol

la rana

la serpiente

la mariposa

el ratón

el reptil

el tucán

el loro

# Where do they live?
# Dónde viven?

Match the animals with their home.
Empareja los animales con su hogar.

# ON THE LAND

**DIRECTIONS:** COLOR THE LAND ANIMALS BROWN.
**INSTRUCCIONES:** COLOREA LOS ANIMALES TERRESTRES DE COLOR MARRÓN.

# UP IN THE SKY

DIRECTIONS: COLOR THE ANIMALS THAT CAN FLY

INSTRUCCIONES: COLOREA LOS ANIMALES QUE PUEDEN VOLAR

# NAME THE ANIMALS

Give these animals a name. It must start with the same letter as the animal.
Dale un nombre a estos animales. Debe empezar con la misma letra que el animal.

M

C

P

J

Mike mono

_____

_____

_____

Instructions: Draw a line to match the animal to the production produces.
Note: Some animals may have more than one product.

Instrucciones: Dibuja una línea para hacer coincidir el animal con la producción produce.
Nota: Algunos animales pueden tener más de un producto.

Complete with the missing letters.
**Completa con las letras que faltan.**

ov _ _ a

p _ l _ _

v _ _ _

c _ _ _ o

p _ t _

c _ b _ _ _ _

c _ _ a

b _ rr _

13.COMMUNITY

La comunidad

# Important buildings from community
## Edificios importantes de la comunidad

la piscina

la tienda

la iglesia

el mercado

el ayuntamiento

la escuela

el museo

la biblioteca

el teatro

el cine

Circle the correct variant. There can be multiple choices.
**Marque con un círculo la variante correcta. Puede haber varias opciones.**

Where do people go swimming?
**Dónde va la gente a nadar?**

a. en el museo    b. en la piscina    c. en el teatro

Where do children go to learn?
**Dónde van los niños a aprender?**

a. la escuela    b. el centro comercial    c. la biblioteca

Where can you go to see a movie?
**Dónde se puede ir a ver una película?**

a. en la tienda    b. en el restaurante    c. en el cine

Where do you go to pray?
**Dónde vas a rezar?**

a. en el teatro    b. en la iglesia    c. en el museo

Where can you go to relax?
**Dónde puede ir a relajarse?**

a. en la piscina    b. en el teatro    c. en el cine

# Draw your hometown!
## ¡Dibuja tu ciudad natal!

What are the public places in your hometown?
¿Cuáles son los lugares públicos de su ciudad?

_____

_____

What's your favorite place?
¿Cuál es su lugar favorito?

_____

# 14. CLASSROOM OBJECTS

Objetos de la clase

# Classroom objects
# Objetos de la clase

el estuche

el rullero

el cuaderno

los libros

la pluma

el sacapuntas

el lápiz

el borrador

los cepillos

las acuarelas

los colores

el marcador

el pegamento

la tijera

la calculadora

los papeles

el diccionario

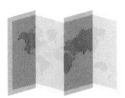
el mapa

la mochila

el globo

# Classroom objects
# Objetos de la clase

la brújula

el reloj

los clips

el profesor

la mesa

el escritorio

la silla

los estudiantes

la puerta

la ventana

la papelera

la pizarra

la cinta escolar

la computadora

la lupa

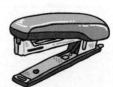
la grapadora

la esponja

la tiza

las probetas

el calendario

Match each word with the corresponding image.
# Empareja cada palabra con la imagen correspondiente.

la mochila

el diccionario

el cuaderno

la pluma

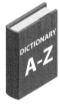

la tijera

el borrador

la ventana

# School Supplies

## Read and match.

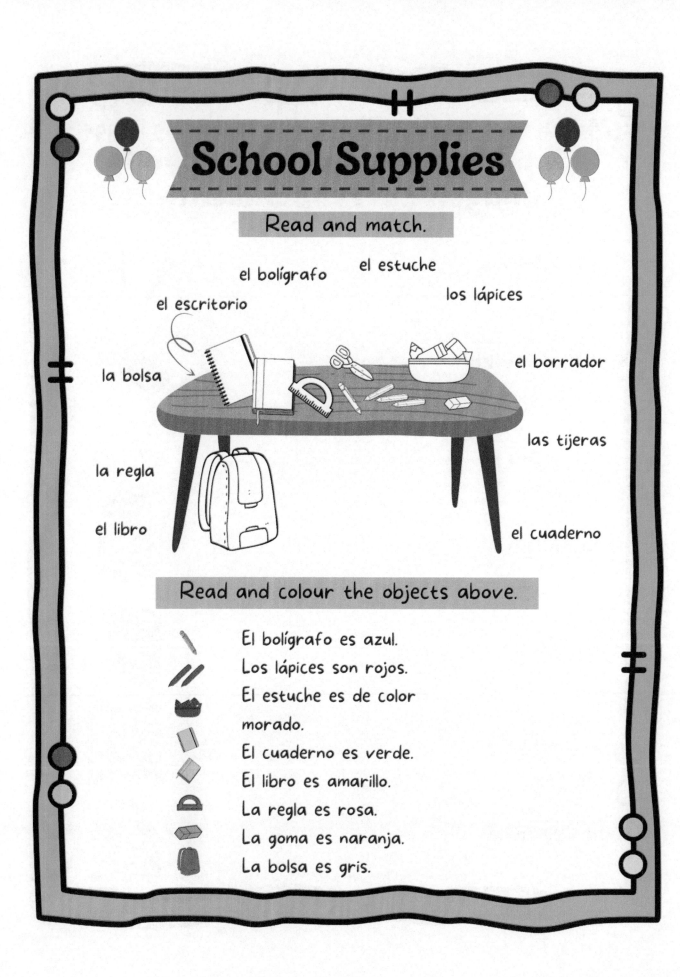

el bolígrafo

el estuche

los lápices

el escritorio

el borrador

la bolsa

las tijeras

la regla

el libro

el cuaderno

## Read and colour the objects above.

El bolígrafo es azul.

Los lápices son rojos.

El estuche es de color morado.

El cuaderno es verde.

El libro es amarillo.

La regla es rosa.

La goma es naranja.

La bolsa es gris.

# Fill in the empty spaces with the right letters.
## Rellena los espacios vacíos con las letras correctas.

c _ _ _ _ _ _

_ _ _ _ a

l _ _ _ _ _

_ _ _ _ l

p _ _ _ _ _ _ _ _   _ _ _ _ _ _ _ e

15. OBJECTS IN THE HOUSE

Objetos de la casa

# Objects in the house
# Objetos de la casa

el sofá

la alfombra

el sillón

la silla

la mesa

la librería

la televisión

el armario

la cama

la frazada

las almohadas

la lámpara

la nevera

la estufa

la taza

la copa

la olla

la tetera

la caldera

la sartén

# Objects in the house
## Objetos de la casa

 el peine

 el cepillo de dientes

 la pasta de dientes

 el jabón

 el champú

 la toalla

 la radio

 el fregadero

 la chimenea

 el microondas

 la lavadora

 el hierro eléctrico

 la batidora

 la cafetera

 la inodoro

 la bañera

 el armario

 el armario

 el horno

 la ducha

# Objects in the house
# Objetos de la casa

el perchero

la estanteria

la mesa de noche

el secador de pelo

las cortinas

la escoba

el espejo

el papel higiénico

el teclas

la pintura

la planta

la cómoda

la cubertería

la tostadora

las fotografías

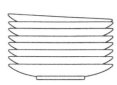
los platos

los juguetes

la bombilla

el cubo de basura

el teléfono

# Identify the picture
## Identificar la imagen

Color the box with the correct object name.
**Colorea la caja con el nombre del objeto correcto.**

| la bañera |
| la toalla |

| los juguetes |
| las almohadas |

| la tetera |
| la escoba |

| el horno |
| la estufa |

| el sillón |
| la silla |

| la bombilla |
| la tostadora |

| el espejo |
| el teclas |

| la cama |
| el sofá |

# Identifying Objects
## Identificación de objetos
Read the sentences and color the correct object.
**Lee las frases y colorea el objeto correcto.**

Veo una naranja.

Veo una tijera.

Veo una ardilla.

Veo un espejo.

Veo un armario.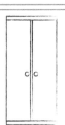

# 16. PARTS OF SPEECH

## Partes de la oracion

# Parts of Speech
## Partes de la oración

In Spanish, the main parts of speech are:

1. Noun (sustantivo)
2. Pronoun (pronombre)
3. Adjective (adjetivo)
4. Verb (verbo)
5. Adverb (adverbio)
6. Preposition (preposición)
7. Conjunction (conjunción)
8. Article (artículo)
9. Interjection (interjección)

# Parts of Speech
## Partes de la oración

1.Nouns(sustantivos) - can be objects, feelings, and concepts. They are essentially names that identify objects.

Spanish Noun Endings

–ción/-ión
- acepción – acceptance
- acusación – accusation

-dad
- verdad – truth
- profundidad – depth

-ez
- niñez – childhood
- vejez – age

2.Pronouns (Los pronombres) - is essentially a word that substitutes a noun.

| English | Spanish |
| --- | --- |
| I | Yo |
| You | Tú / Usted |
| He | Él |
| She | Ella |
| It | Él/ella |
| We | Nosotros/Nosotras |
| You(all) | Vosotros/Vosotras/Ustedes |
| They | Ellos/Ellas |

# Parts of Speech
## Partes de la oración

3.Adjectives (Los adjetivos) - describe nouns, such as people, places, and the things around you.

In Spanish, adjectives come after the noun.

The Most Common Adjectives In Spanish

- Bueno/a – Good
- Bonito/a (Spain), Lindo/a (Latin America) – Beautiful
- Difícil – Difficult & Fácil – Easy
- Grande – Big & Pequeño/a – Small
- Rápido – Fast
- Divertido/a – Funny

4.Verbs (Los verbos) - describe an action or a state of being.

ser - to be

| | |
|---|---|
| yo soy | nosotros, nosotras somos |
| tú eres | vosotros, vosotras sois |
| él, ella, usted es | ellos, ellas, ustedes son |

estar - to be, to be situated

| | |
|---|---|
| yo estoy | nosotros, nosotras estamos |
| tú estás | vosotros, vosotras estáis |
| él, ella, usted está | ellos, ellas, ustedes están |

# Parts of Speech
## Partes de la oración

tener - to have

| | |
|---|---|
| yo tengo | nosotros, nosotras tenemos |
| tú tienes | vosotros, vosotras tenéis |
| él, ella, usted tiene | ellos, ellas, ustedes tienen |

hacer - to do, to make

| | |
|---|---|
| yo hago | nosotros, nosotras hacemos |
| tú haces | vosotros, vosotras hacéis |
| él, ella, usted hace | ellos, ellas, ustedes hacen |

ir - to go

| | |
|---|---|
| yo voy | nosotros, nosotras vamos |
| tú vas | vosotros, vosotras vais |
| él, ella, usted va | ellos, ellas, ustedes van |

poder - to be able to, can

| | |
|---|---|
| yo puedo | nosotros, nosotras podemos |
| tú puedes | vosotros, vosotras podéis |
| él, ella, usted puede | ellos, ellas, ustedes pueden |

saber - to know

| | |
|---|---|
| yo sé | nosotros, nosotras sabemos |
| tú sabes | vosotros, vosotras sabéis |
| él, ella, usted sabe | ellos, ellas, ustedes saben |

# Parts of Speech
## Partes de la oración

haber - to have, to be

| | |
|---|---|
| **yo he** | **nosotros, nosotras hemos** |
| **tú has** | **vosotros, vosotras habéis** |
| **él, ella, usted ha** | **ellos, ellas, ustedes han** |

querer - to want

| | |
|---|---|
| **yo quiero** | **nosotros, nosotras queremos** |
| **tú quieros** | **vosotros, vosotras queréis** |
| **él, ella, usted quiere** | **ellos, ellas, ustedes quieren** |

dar - to give

| | |
|---|---|
| **yo doy** | **nosotros, nosotras damos** |
| **tú das** | **vosotros, vosotras dais** |
| **él, ella, usted da** | **ellos, ellas, ustedes dan** |

ver - to see, watch

| | |
|---|---|
| **yo veo** | **nosotros, nosotras vemos** |
| **tú ves** | **vosotros, vosotras veis** |
| **él, ella, usted ve** | **ellos, ellas, ustedes ven** |

comer - to eat

| | |
|---|---|
| **yo como** | **nosotros, nosotras comemos** |
| **tú comes** | **vosotros, vosotras coméis** |
| **él, ella, usted come** | **ellos, ellas, ustedes comen** |

Other important verbs - vivir(to live), necesitar(to need), quedar(to stay, to meet), venir(to come), tomar(to take), hablar(to speak).

# Parts of Speech
## Partes de la oración

## Other spanish verbs

- ayudar - to help
- empezar - to start
- entender - to understand
- entrar - to enter
- escuchar - to listen
- seguir - to follow
- abrir - to open
- buscar - to search
- caer - to fall
- cambiar - to change
- cantar - to sing
- cerrar - to close
- correr - to run
- destruir - to destroy
- deber - must, should
- decir - to say, tell
- dormir - to sleep
- encontrar - to find
- esconder - to hide
- esperar - to wait
- existir - to exist
- faltar - to miss
- ganar - to win

- intentar - to try
- jugar - to play
- leer - to reed
- llegar - to arrive
- llamar - to call
- llevar - to take
- llorar - to cry
- luchar - to fight
- mentir - to lie
- morir - to die
- pensar - to think
- preguntar - to ask
- odiar - to hate
- recibir - to receive
- reconocer - to recognize
- recordar - to remember
- robar - to steal
- salvar - to save
- sentir - to feel
- sonreír - to smile
- soñar - to dream
- terminar - to finish
- tocar - to touch

# Parts of Speech
## Partes de la oración

5.Adverbs (Los adverbios) - describe how the action is done, by adding a description to verbs.

    Their most common ending is –mente.

The Most Common Adverbs In Spanish

- rápidamente; rápido - quickly
- lentamente; despacio - slowly
- fácilmente - easily
- difícilmente - with difficulty

6.Prepositions (Las preposiciones) - explain the relationships between nouns.

- en – in, on
- por – by, because of
- debajo – below
- adentro – inside

7.Conjunctions (Las conjunciones) - connect nouns, verbs, phrases, and sentences.

| y – and<br>o – or<br>pero – but | sin embargo – however<br>por lo tanto – therefore<br>así que – so<br>aunque – even though |
|---|---|

Tengo muchas ganas de ir, pero no sé si llegaré a tiempo.
I'm looking forward to going, but I don't know if I'll arrive on time.

# Parts of Speech
## Partes de la oración

8. Articles (Los artículos)

Definite Articles - specify which object, person, or place the speaker is talking about. In English, "The" is the only definite article.

- Masculine singular: el
- Masculine plural: los
- Feminine singular: la
- Feminine plural: las

Indefinite Articles - a nonspecific way to refer to a noun. In English, "a" and "an" are the only two indefinite articles.

- Masculine singular: un
- Masculine plural: unos
- Feminine singular: una
- Feminine plural: unas

9. Interjections (Las interjecciones) - abrupt remarks that help you to express different emotions.

Some interjections

- ¡Ándale! - Hurry up / Alright / There you have it
- ¡Vale! - Okay / No problem
- ¡Dale! - Okay
- ¡Dios mío! - Oh, my God!
- ¡Venga! - Come on!
- ¡Ay! - Ouch!

# Parts of Speech
## Partes de la oración

**Circle the adjectives.**

1. Juego con la pelota roja.
2. Come comida sana.
3. El gato pequeño está durmiendo.
4. Es una joven profesora.
5. Les gusta leer libros divertidos.
6. Las chicas de mi clase son inteligentes.

**Circle the nouns.**

| | | |
|---|---|---|
| gato | como | comió |
| chips | flores | go |
| garaje | beber | bebé |
| piano | verde | hermana |
| siete | azul | bicicleta |

**Circle the verbs.**

| | | |
|---|---|---|
| vidas | allí | baile |
| gatito | duerme | llorar |
| hablar | beber | niño |
| lee | come | cocinado |
| ocho | rojo | ¡Vamos! |

# Parts of Speech
## Partes de la oración

### Complete the sentences with your adjectives.

Estoy viendo una película _____ con mis amigos.

Tom tiene una bicicleta _____.

Mi calcetín _____ tiene un agujero.

Este libro _____ es aburrido.

Su hermana tiene ojos _____.

Esta almohada es tan _____ que quiero dormir en ella.

### Complete the sentences with your verbs.

Yo _____ leche todos los días.

Mi amigo y yo _____ voleibol.

Jane _____ cómics los domingos.

Papá _____ cena hoy.

Mi abuela _____ cerca.

Su gato _____ en el sofá.

Nosotros _____ al centro deportivo de la ciudad.

### Complete the sentences with your nouns.

Toco el _____.

Ayer comió _____.

El _____ está durmiendo en la cuna.

Ella es mi _____. Se llama Lily.

El _____ huele muy bien.

Su viejo _____ está en el _____.

Su mascota es un _____.

# Parts of Speech
# Partes de la oración

## Circle the adverbs.

1. La profesora aplaudió con orgullo a sus alumnos.
2. Comió la cena con ganas.
3. El pequeño gato camina rápidamente.
4. Los niños esperaban tranquilamente.
5. Hablaban con nerviosismo.

## Circle adjectives or adverbs according to the sentence.

1. Jack sacó la cena de la bolsa cuidadoso/cuidadosamente.
2. El hombre actuó pobre/pobremente en la obra.
3. Papá corrió hacia el coche rápido/rápidamente.
4. La mujer repartió la galleta de forma equitativa/igualitaria.
5. Emma entró en la habitación tranquilo/tranquilamente.
6. Los niños eran muy ruidosos/ruidosamente.

# Parts of Speech
## Partes de la oración

---
Classify the words according to verbs, nouns and adjectives.
---

| conducir | sonreír | botella | fútbol |
| libro | feo | escribir | enorme |
| hugar | brillante | travieso | bosque |

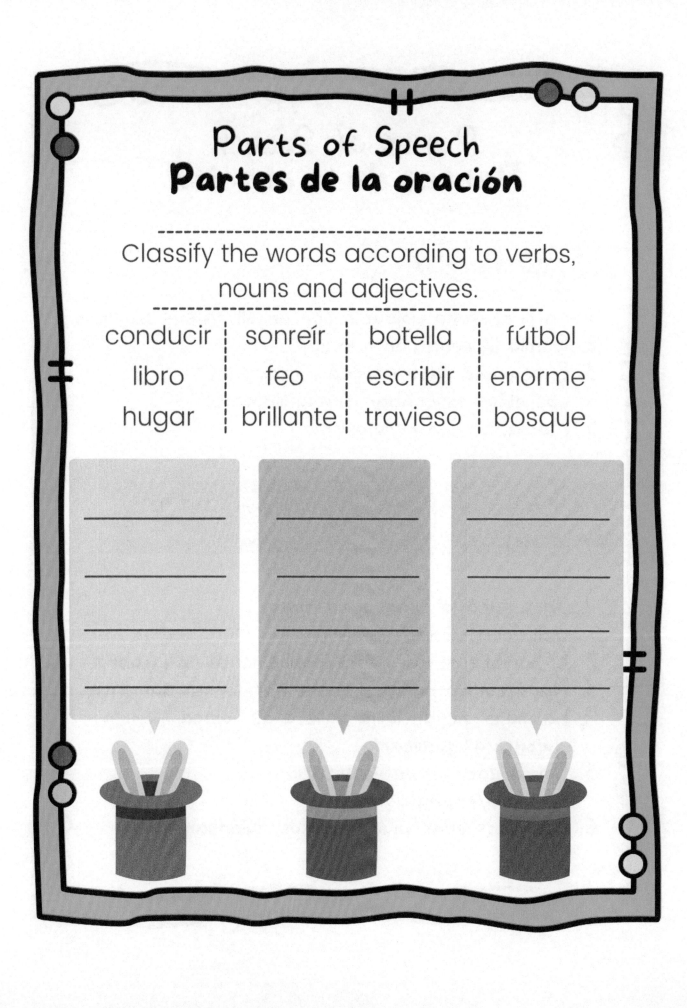

# Parts of Speech
## Partes de la oración

Instructions: Tick the correct answer below for whether the underlined word is a noun, verb, adverb or adjective:

1 Las damas <u>bailaron</u> toda la noche.

○ Noun      ○ Verb      ○ Adjective      ○ Adverb

2 Su padre llegaba <u>tarde</u>, otra vez.

○ Noun      ○ Verb      ○ Adjective      ○ Adverb

3 El <u>perro</u> grande y marrón fue visto por última vez corriendo por la carretera.

○ Noun      ○ Verb      ○ Adjective      ○ Adverb

4 La torre de bloques era tan <u>alta</u> que casi tocaba el techo.

○ Noun      ○ Verb      ○ Adjective      ○ Adverb

5 Cuando la pelota <u>golpeó</u> su cara, le abrió el labio.

○ Noun      ○ Verb      ○ Adjective      ○ Adverb

6 Había <u>doce</u> ranas rojas de lollie esperando a que me las comiera.

○ Noun      ○ Verb      ○ Adjective      ○ Adverb

17. COMMON WORDS AND EXPRESSIONS

Expresiones Comunes

# Common Word and Expressions
## Palabras y Expresiones Comunes

### Basic Spanish words and phrases
Sí - Yes
No - No
No (lo) sé - I don't know
No tengo ni idea - I have no idea
¿Entiende(s)? - Do you understand?
No entiendo - I don't understand
No hablo español - I don't speak Spanish
Estoy perdido(a) - I'm lost

### Introduce Yourself
Me llamo - My name is
Mi nombre es - My name is
Soy... - I'm...
¿Cómo te llamas? - What is your name?
(Yo) soy de... - I am from...

### How are you?
¿Cómo está usted? - How are you? (formal)
¿Cómo estás? - How are you? (informal)
¿Qué tal? - How are you? (informal) / what's up?
¿Cómo te va? - How's it going?
¿Qué haces? - What are you doing?
¿Qué pasa? - What's happening?

### Question Words
¿Qué...? - What?
¿Quién...? - Who?
¿Cuándo...? - When?
¿Dónde...? - Where?
¿Por qué...? - Why?
¿Cuál? - Which?
¿Cómo...? - How?

# Common Word and Expressions
## Palabras y Expresiones Comunes

### Greetings and Good-Bye
Hola! - Hello!
Buenos días! - Good morning!
Buenas tardes! - Good afternoon!
Buenas noches! - Good evening! / Good night!
Adiós! - Goodbye!
Chao! - Goodbye!
Hasta luego! - See you later!
Hasta mañana! - See you tomorrow!
Nos vemos! - See you! (informal)
¡Cuídate mucho! - Take care!
¡Tenga un buen día! - Have a nice day!
¡Hasta luego! - See you soon!
¡Buen viaje! - Have a good trip!

### Polite words
¡Gracias! - Thank you!
¡Muchas gracias! - Thank you very much!
¡Perdon! - Excuse me!
¡De nada! - You're welcome! / No problem!
Por favor - Please
¡Lo siento! - Sorry!
¡Disculpe! - Excuse me!

### Responses
¿Y tú? - and you?
Tal vez - Maybe
Siempre - Always
Nunca - Never
Muy bien - Very well
Así, así - So, so

Mal - Bad
Como siempre - As always
Claro - Of course
¡Sin problema! - No problem!

# Common Word and Expressions
## Palabras y Expresiones Comunes

### How to celebrate

Salud! - Cheers!
¡Feliz Cumpleaños! - Happy Birthday!
¡Felicitaciones! - Congratulations!
¡Buen provecho! - Bon appetit!
¡Bienvenidos! / ¡Bienvenidas! - Welcome!
¡Diviértete! - Have fun!

### Other useful questions

¿Puede ayudarme? - Can you help me?
¿Podría ayudarle? - Can I help you?
¿Entiende? - Do you understand?
¡Puede repetirlo! - Can you say that again?
¿Qué hora tienes? - What time is it?
¿De dónde viene? - Where are you from?
¿Dónde vives? - Where do you live?
¿Cuánto cuesta eso? - How much does it cost?
¿Qué significa (word)? - What does (word) mean?
¿Puedes hablar más despacio? - Can you speak slowly?
¿Dónde puedo encontrar un taxi? - Where can I find a taxi?
¿Dónde está (hotel's name) hotel? - Where is (hotel's name) hotel?

# Question marks

**1** Fill in the blanks using the list of words below:
Completa los espacios en blanco utilizando la lista de palabras que aparece a continuación:

| | | |
|---|---|---|
| donde | qué | cuando |
| cuál | quien | |

_____ me va a recoger del colegio?

_____ es el nombre de su oso de peluche?

_____ vas hoy después de la escuela?

_____ es tu cumpleaños?

_____ edad tiene su cachorro?

**2** Complete the following sentences using the starters:
Completa las siguientes frases utilizando los iniciadores:

Qué _____

_____

Cómo _____

_____

Quién _____

_____

Donde _____

_____

Match the questions on the left to the answers on the right.

**Relaciona las preguntas de la izquierda con las respuestas de la derecha.**

# Do you like it?

Directions: Read the questions and circle your answer.
Instrucciones: Lee las preguntas y rodea tu respuesta.

## ¿Te gusta la pizza?

| Sí, me gusta. | No, no es así. |

## ¿Te gusta la sopa?

| Sí, me gusta. | No, no es así. |

## ¿Te gusta el pollo?

| Sí, me gusta. | No, no es así. |

## ¿Te gustan las hamburguesas?

| Sí, me gusta. | No, no es así. |

## ¿Te gusta la leche?

| Sí, me gusta. | No, no es así. |

# Seas the Day!

1.¿Dónde está el cuadro?

_____

2. ¿Cuántas chicas hay?

_____

3. ¿Cuántos niños hay?

_____

4. ¿Cómo es el tiempo en la foto?

_____

5. ¿Sabes nadar?

_____

# Holidays

1. ¿Qué estación es la que aparece en la foto?

_____

2. ¿Cuántas personas hay?

_____

3. ¿Qué llevan puesto?

_____

4. Cuáles son las actividades que aparecen en la imagen? Di una.

_____

5. ¿Te gusta esta estación?

_____

# 18. HANDWRITING PRACTICE

La práctica de la escritura a mano

# Writing practice

# Writing practice

# Writing practice

# Writing practice

# Writing practice

# Writing practice

# Writing practice

# Writing practice

# Writing practice

# Writing practice

# Writing practice

# Writing practice

# Writing practice

# Writing practice

Writing practice

# Writing practice

# Writing practice

# Writing practice

Printed by Amazon Italia Logistica S.r.l.
Torrazza Piemonte (TO), Italy

54066422R00125